SYNDICAT COMMERCIAL ALGÉRIEN

CODE DU TRAVAIL

ET

DE LA PRÉVOYANCE SOCIALE

TEXTES CODIFIÉS

LIVRE PREMIER

Des Conventions relatives au Travail

Promulgué le 30 Décembre 1910
et rendu applicable à l'Algérie par décret du 19 Janvier 1915

ALGER

IMPRIMERIE ORIENTALE FONTANA FRÈRES

3, Rue Pelissier, 3

1915

Société des Chaux et Ciments

DE

RIVET

(Alger)

CHAUX HYDRAULIQUE ADMINISTRATIVE
CIMENTS PORTLAND ARTIFICIELS

CIMENT INDÉCOMPOSABLE

(Brevet CANDLOT)

POUR TERRAINS SULFATÉS

Admis pour les travaux en mer
des Ponts et Chaussées,
du Ministère de la Guerre et des Compagnies
de Chemins de fer.

M. NIBELLE

Administrateur-Délégué

Bureaux et Caisse : 39, Rue d'Isly, ALGER

Adresse télégr. : NIBELLE-ALGER   Téléphone 6.42

CODE DU TRAVAIL

ET

DE LA PRÉVOYANCE SOCIALE

LIVRE PREMIER

DES CONVENTIONS RELATIVES AU TRAVAIL

TITRE PREMIER

Du contrat d'apprentissage.

CHAPITRE PREMIER

De la nature et de la forme du contrat.

ARTICLE PREMIER. — Le contrat d'apprentissage est celui par lequel un fabricant, un chef d'atelier ou un ouvrier s'oblige à enseigner la pratique de sa profession à une autre personne, qui s'oblige, en retour, à travailler pour lui; le tout à des conditions et pendant un temps convenus.

ART. 2. — Le contrat d'apprentissage est fait par acte public ou par acte sous seing privé.

Il peut aussi être fait verbalement, mais la preuve testimoniale n'en est reçue que conformément au titre du Code civil: « Des contrats ou des obligations conventionnelles en général ».

Les notaires, les secrétaires des conseils de prud'hommes et les greffiers de justice de paix peuvent recevoir l'acte d'apprentissage.

Cet acte est soumis, pour l'enregistrement, au droit fixe de 1 fr. 50 c., lors même qu'il contiendrait des obligations de sommes de valeurs mobilières, ou des quittances.

Les honoraires dus aux officiers publics sont fixés à 2 francs.

ART. 3.— L'acte d'apprentissage contient :

1° Les nom, prénoms, âge, profession et domicile du maître ;

2° Les nom, prénoms, âge et domicile de l'apprenti ;

3° Les noms, prénoms, professions et domicile de ses père et mère, de son tuteur, ou de la personne autorisée par les parents et, à leur défaut, par le juge de paix ;

4° La date et la durée du contrat ;

5° Les conditions de logement, de nourriture, de prix et toutes autres arrêtées entre les parties.

Il doit être signé par le maître et par les représentants de l'apprenti.

CHAPITRE II
Des conditions du contrat.

ART. 4.— Nul ne peut recevoir des apprentis mineurs s'il n'est âgé de vingt et un ans au moins.

ART. 5.— Aucun maître, s'il est célibataire ou en état de veuvage ou divorcé, ne peut loger, comme apprenties, des jeunes filles mineures.

ART. 6 — Sont incapables de recevoir des apprentis :

Les individus qui ont subi une condamnation pour crime ;

Ceux qui ont été condamnés pour attentat aux mœurs ;

Ceux qui ont été condamnés à plus de trois mois d'emprisonnement pour les délits prévus par les articles 388, 401. 405, 406, 407, 408, 423 du Code pénal.

ART. 7.— L'incapacité résultant de l'article 6 peut être levée par le préfet, sur l'avis du maire, quand le condamné, après l'expiration de sa peine, a résidé pendant trois ans dans la même commune.

A Paris, les incapacités seront levées par le préfet de police.

CHAPITRE III

Des devoirs des maîtres et des apprentis.

ART. 8.— Le maître doit se conduire envers l'apprenti en bon père de famille, surveiller sa conduite et ses mœurs, soit dans la maison, soit au dehors, et avertir ses parents ou leurs représentants de fautes graves qu'il pourrait commettre ou des penchants vicieux qu'il pourrait manifester.

Il doit aussi les prévenir sans retard, en cas de maladie, d'absence ou de tout fait de nature à motiver leur intervention.

Il n'emploiera l'apprenti, sauf conventions contraires, qu'aux travaux et services qui se rattachent à l'exercice de sa profession.

ART. 9.— Si l'apprenti, âgé de moins de seize ans, ne sait pas lire, écrire et compter, ou s'il n'a pas encore terminé sa première éducation religieuse, le maître est tenu de lui laisser prendre, sur la journée de travail, le temps et la liberté nécessaires pour son instruction.

Néanmoins, ce temps ne peut excéder deux heures par jour.

ART. 10.— Le maître doit enseigner à l'apprenti, progressivement et complètement, l'art, le métier ou la profession spéciale qui fait l'objet du contrat.

Il lui délivrera, à la fin de l'apprentissage, un congé d'acquit, ou certificat constatant l'exécution du contrat.

ART. 11. — L'apprenti doit à son maître fidélité, obéissance et respect ; il doit l'aider, par son travail, dans la mesure de son aptitude et de ses forces.

Il est tenu de remplacer, à la fin de l'apprentissage, le temps qu'il n'a pu employer par suite de maladie ou d'absence ayant duré plus de quinze jours.

ART. 12.— Tout fabricant, chef d'atelier ou ouvrier, convaincu d'avoir détourné un apprenti de chez son maître, pour l'employer en qualité d'apprenti ou d'ouvrier, pourra être passible de tout ou partie de l'indemnité à prononcer au profit du maître abandonné.

CHAPITRE IV
De la résolution du contrat.

ART. 13.— Les deux premiers mois de l'apprentissage sont considérés comme un temps d'essai pendant lequel le contrat peut être annulé par la seule volonté de l'une des parties. Dans ce cas, aucune indemnité ne sera allouée à l'une ou l'autre partie, à moins de conventions expresses.

ART. 14. — Le contrat d'apprentissage est résolu de plein droit :

1º Par la mort du maître ou de l'apprenti ;

2º Si l'apprenti ou le maître est appelé au service militaire ;

3º Si le maître ou l'apprenti vient à être frappé d'une des condamnations prévues en l'article 6 du présent titre ;

4º Pour les filles mineures, dans le cas de divorce du maître, de décès de l'épouse du maître, ou de toute autre femme de la famille qui dirigeait la maison à l'époque du contrat.

ART. 15.— Le contrat peut être résolu sur la demande des parties ou de l'une d'elles :

1º Dans le cas où l'une des parties manquerait aux stipulations du contrat ;

2º Pour cause d'infraction grave ou habituelle aux prescriptions du présent titre et des autres lois réglant les conditions du travail des apprentis ;

3º Dans le cas d'inconduite habituelle de la part de l'apprenti ;

4º Si le maître transporte sa résidence dans une autre commune que celle qu'il habitait lors de la convention.

Néanmoins, la demande en résolution du contrat fondée sur ce motif n'est recevable que pendant trois mois à compter du jour où le maître aura changé de résidence ;

5° Si le maître ou l'apprenti encourait une condamnation emportant un emprisonnement de plus d'un mois ;

6° Dans le cas où l'apprenti viendrait à contracter mariage.

Art. 16. — Si le temps convenu pour la durée de l'apprentissage dépasse le maximum de la durée consacrée par les usages locaux, ce temps peut être réduit ou le contrat résolu.

CHAPITRE V
De la compétence.

Art. 17. — Les réclamations qui pourraient être dirigées contre les tiers en vertu de l'article 12 du présent titre seront portées devant le conseil des prud'hommes ou devant le juge de paix du lieu de leur domicile.

Art. 18. — Dans les divers cas de résolution prévus au chapitre IV, les indemnités ou les restitutions qui pourraient être dues à l'une ou à l'autre des parties seront, à défaut de stipulations expresses, réglées par le conseil des prud'hommes ou par le juge de paix dans les cantons qui ne ressortissent point à la juridiction d'un conseil de prud'hommes.

TITRE II
Du contrat de travail.

CHAPITRE PREMIER
Dispositions générales.

Art. 19. — Le contrat de travail est soumis aux règles du droit commun et peut être constaté dans les formes qu'il convient aux parties contractantes d'adopter.

Le contrat de travail entre les chefs ou directeurs

des établissements industriels ou commerciaux, des exploitations agricoles ou forestières, et leurs ouvriers, est exempt de timbre et d'enregistrement.

CHAPITRE II
Du louage de service.

SECTION PREMIÈRE

Conditions de validité et effets du louage de services.

§ I*r*. — *Règles générales.*

ART. 20. — On ne peut engager ses services qu'à temps ou pour une entreprise déterminée.

ART. 21.— La durée du louage de services est, sauf preuve d'une convention contraire, réglée suivant l'usage des lieux.

ART. 22.— L'engagement d'un ouvrier ne peut excéder un an, à moins qu'il ne soit contremaître, conducteur des autres ouvriers ou qu'il n'ait un traitement et des conditions stipulées par un acte exprès.

ART. 23. — Le louage de services, fait sans détermination de durée, peut toujours cesser par la volonté d'une des parties contractantes.

Néanmoins, la résiliation du contrat par la volonté d'un seul des contractants peut donner lieu à des dommages-intérêts.

Pour la fixation de l'indemnité à allouer, le cas échéant, il est tenu compte des usages, de la nature des services engagés, du temps écoulé, des retenues opérées et des versements effectués en vue d'une pension de retraite, et, en général, de toutes les circonstances qui peuvent justifier l'existence et déterminer l'étendue du préjudice causé.

Les parties ne peuvent renoncer à l'avance au droit éventuel de demander des dommages-intérêts en vertu des dispositions ci-dessus.

Les constestations auxquelles pourra donner lieu l'application des paragraphes précédents, lorsqu'elles seront portées devant les tribunaux civils et devant les cours d'appel, seront instruites comme affaires sommaires et jugées d'urgence.

Art. 24. — Toute personne qui engage ses services peut, à l'expiration du contrat, exiger de celui à qui elle les a loués, sous peine de dommages-intérêts, un certificat contenant exclusivement la date de son entrée, celle de sa sortie et l'espèce de travail auquel elle a été employée.

Ce certificat est exempt de timbre et d'enregistrement.

§ II. — *Règles particulières aux réservistes et aux territoriaux appelés à faire une période d'instruction militaire.*

Art. 25. — En matière de louages de services, si un patron, un employé ou un ouvrier est appelé sous les drapeaux comme réserviste ou territorial pour une période obligatoire d'instruction militaire, le contrat de travail ne peut être rompu à cause de ce fait.

Art. 26. — Alors même que, pour une autre cause légitime, le contrat serait dénoncé par l'une des parties, la durée de la période militaire est exclue des délais impartis par l'usage pour la validité de la dénonciation, sauf toutefois dans le cas où le contrat de louage a pour objet une entreprise temporaire prenant fin pendant la période d'instruction militaire.

Art. 27. — En cas de violation des articles précédents par l'une des parties. la partie lésée a droit à des dommages-intérêts qui seront arbitrés par le juge conformément aux indications de l'article 23 du présent livre.

Art. 28. — Toute stipulation contraire aux dispositions qui précèdent est nulle de plein de droit.

§ III. — *Règles particulières aux femmes en couches.*

Art. 29. — La suspension du travail par la femme, pendant huit semaines consécutives, dans la période qui prédède et suit l'accouchement, ne peut être une cause de rupture pour l'employeur du contrat du louage de service, et ce à peine de dommages-intérêts au profit de la femme. Celle-ci devra avertir l'employeur du motif de son absence.

Toute convention contraire est nulle de plein droit.

L'assistance judiciaire sera de droit pour la femme devant la juricdiction du premier degré.

SECTION II
De l'engagement et des loyers des matelots et gens de l'équipage.

ART. 30. — Les règles particulières à l'engagement et aux loyers des matelots et gens de l'équipage sont contenues dans les articles 250 et suivants du Code de commerce et les lois spéciales.

CHAPITRE III
Du louage d'industrie ou marché d'ouvrage.

ART. 31. — Les règles particulières au louage d'industrie ou marché d'ouvrage sont contenues dans les articles 1787 et suivants du Code civil.

CHAPITRE IV
Du marchandage.

ART. 32. — L'exploitation des ouvriers par des sous-entrepreneurs ou marchandage est interdite.

Les associations d'ouvriers qui n'ont point pour objet l'exploitation des ouvriers les uns par les autres ne sont point considérées comme marchandage.

TITRE III
Du salaire.

CHAPITRE PREMIER
De la détermination du salaire.

SECTION PREMIÈRE

Des moyens de constater les conventions relatives aux salaires en matière de tissage, de bobinage, de coupe du velours de coton, de teinture, blanchiment et apprêts des étoffes.

§ Ier — *Tissage et bobinage.*

ART. 33. — Tout fabricant, commissionnaire ou intermédiaire qui livre des fils pour être tissés est tenu d'inscrire, au moment de la livraison, sur un livret spécial appartenant à l'ouvrier et laissé entre ses mains :

1° Le poids et la longueur de la chaîne ;

2° Le poids de la trame et le nombre de fils de trame à introduire par unité de surface de tissu ;

3° La longueur et la largeur de la pièce à fabriquer,

4° Le prix de façon, soit au mètre de tissu fabriqué, soit au mètre de longueur ou au kilogramme de la trame introduite dans le tissu.

ART. 34. — Tout fabricant, commissionnaire ou intermédiaire qui livre des fils pour être bobinés est tenu d'inscrire sur un livret spécial appartenant à l'ouvrier et laissé entre ses mains :

1° Le poids brut et le poids net de la matière à travailler ;

2° Le numéro du fil ;

3° Le prix de façon, soit au kilogramme de matière travaillée, soit au mètre de longueur de cette même matière.

ART. 35. — Le prix de façon sera indiqué en monnaie légale, sur le livret, par le fabricant, commissionnaire ou intermédiaire.

Toute convention contraire sera mentionnée, par lui, sur le livret.

ART. 36. — L'ouvrage exécuté sera remis au fabricant, commissionnaire ou intermédiaire, de qui l'ouvrier a directement reçu la matière première.

Le compte de façon sera arrêté au moment de cette remise.

Toute convention contraire aux deux paragraphes précédents sera mentionnée sur le livret par le fabricant, commissionnaire ou intermédiaire.

ART. 37. — Le fabricant, commissionnaire ou intermédiaire inscrira sur un registre d'ordre toutes les mentions portées au livret spécial de l'ouvrier.

ART. 38. — Le fabricant, commissionnaire ou intermédiaire tiendra constamment exposés aux regards, dans le lieu où se règlent habituellement les comptes entre lui et l'ouvrier :

1° Les instruments nécessaires à la vérification des poids et mesures ;

2° Un exemplaire des dispositions des articles 33 à 39, 100 et 101 du présent livre en forme de placard.

ART. 39. — A l'égard des industries spéciales auxquelles serait inapplicable la fixation du prix de façon, soit au mètre de tissu fabriqué, soit au mètre de longueur de la trame introduite dans le tissu, ou bien soit au kilogramme de matière travaillée, soit au mètre de longueur de cette même matière, le pouvoir exécutif peut déterminer un autre mode, par des arrêtés en forme de règlements d'administration publique, après avoir pris l'avis des Chambres de commerce, des Chambres consultatives et des Conseils de prud'hommes et, à leur défaut, des Conseils de préfecture.

Il peut, pareillement, par des arrêtés rendus en la même forme, étendre les dispositions de la présente section et des articles 100 et 101 aux insdustries qui se rattachent au tissage et au bobinage.

En l'un et l'autre cas, ces arrêtés seront soumis à la sanction législative dans les trois ans qui suivront leur promulgation.

§ II. — *Coupe du velours de coton, teinture, blanchiment et apprêts des étoffes.*

ART. 40. — Tout fabricant, commissionnaire ou intermédiaire qui livre à un ouvrier une pièce de velours de coton pour être coupée est tenu d'inscrire, au moment de la livraison, sur un livre spécial appartenant à l'ouvrier, et laissé entre ses mains :

1° Les longueur, largeur et poids de la pièce à couper ;
2° Le prix de façon, au mètre de longueur.

ART. 41. — Tout fabricant, commissionnaire ou intermédiaire qui livre à un ouvrier une pièce d'étoffe pour être teinte, blanchie ou apprêtée, est tenu d'inscrire, au moment de la livraison, sur un livre spécial appartenant à l'ouvrier et laissé entre ses mains :

1° Les longueur, largeur et poids de la pièce à teindre, blanchir ou apprêter ;
2° Le prix de façon, soit au mètre de longueur de la pièce, soit au kilogramme de son poids.

ART. 42. — Les articles 36, 37, 38, 100 et 101 du présent livre sont applicables à la coupe de velours de coton, ainsi qu'à la teinture, au blanchiment et à l'apprêt des étoffes.

CHAPITRE II
Du payement des salaires

Section Première
Du mode de payement des salaires.

Art. 43. — Les salaires des ouvriers et employés doivent être payés en monnaie métallique ou fiduciaire ayant cours légal, nonobstant toute stipulation contraire à peine de nullité.

Art. 44. — Les salaires des ouvriers du commerce et de l'industrie doivent être payés au moins deux fois par mois, à seize jours au plus d'intervalle ; ceux des employés doivent être payés au moins une fois par mois.

Pour tout travail aux pièces dont l'exécution doit durer plus d'une quinzaine, les dates de payement peuvent êtres fixées de gré à gré ; mais l'ouvrier doit recevoir des acomptes chaque quinzaine et être intégralement payé dans la quinzaine qui suit la livraison de l'ouvrage.

Art. 45. — Le payement ne peut être effectué un jour où l'ouvrier ou l'employé a droit au repos, soit en vertu de la loi, soit en vertu de la convention. Il ne peut avoir lieu dans les débits de boissons ou magasins de vente, sauf pour les personnes qui y sont occupées.

Section II
Des privilèges et garanties de la créance de salaire.

Art. 46. — Les sommes dues aux entrepreneurs de tous les travaux ayant le caractère de travaux publics ne peuvent être frappées de saisie-arrêt ni d'opposition au préjudice soit des ouvriers auxquels des salaires sont dus, soit des fournisseurs qui sont créanciers à raison de fournitures de matériaux et d'autres objets servant à la construction des ouvrages.

Les sommes dues aux ouvriers pour salaires sont payées de préférence à celles dues aux fournisseurs.

Art. 47. — La créance de salaire des gens de service, des ouvriers et commis est privilégiée sur les meubles et immeubles du débiteur, dans les conditions prévues :

1° Pour les gens de service, par l'article 2101-4° du Code civil ;

2° Pour les ouvriers et commis, par l'article 549 du Code de commerce.

Peuvent, en outre, faire valoir une action directe ou des prévilèges spéciaux :

1° Les maçons, charpentiers et autres ouvriers employés pour édifier, reconstruire ou réparer des bâtiments, canaux ou autres ouvrages quelconques, dans les conditions prévues par l'article 1798 du Code civil ;

2° Les ouvriers qui ont travaillé soit à la récolte, soit à la fabrication ou à la réparation des ustensiles agricoles, soit à la conservation de la chose, dans les conditions prévues par l'article 2102-1° et 3° du Code civil ;

3° Les matelots et gens de l'équipage, dans les conditions prévues par les articles 191 et suivants, 271 et 272 du Code de commerce ;

4° Les ouvriers employés à la construction, à la réparation, à l'armement et à l'équipement du navire, dans les conditions prévues par l'article 191 du Code de commerce.

Art. 48. — L'ouvrier détenteur de l'objet par lui ouvré peut exercer le droit de rétention dans les conditions prévues par l'article 570 du Code civil.

Les objets mobiliers confiés à un ouvrier pour être travaillés, façonnés, réparés ou nettoyés et qui n'auront pas été retirés dans le délai de deux ans pourront être vendus dans les conditions et formes déterminées par la loi du 31 décembre 1903, modifiée par celle du 7 mars 1905.

Section III

De la prescription de l'action en payement du salaire.

Art. 49. — La prescription de l'action en payement du salaire est réglée par les articles 2271, 2272, 2274 et 2275 du Code civil, et 433 du Code de commerce.

CHAPITRE III
Des retenues sur le salaire.

Section Première
Règles générales.

Art. 50.— Aucune compensation ne s'opère au profit des patrons entre le montant des salaires dus par eux à leurs ouvriers et les sommes qui leur seraient dues à eux-mêmes pour fournitures diverses, qu'elle qu'en soit la nature, à l'exception toutefois :

1° Des outils et instruments nécessaires au travail ;

2° Des matières ou matériaux dont l'ouvrier a la charge et l'usage ;

3° Des sommes avancées pour l'acquisition de ces mêmes objets.

Art. 51. — Tout patron qui fait une avance en espèces, en dehors du cas prévu par le paragraphe 3 de l'article précédent, ne peut se rembourser qu'au moyen de retenues successives ne dépassant pas le dixième du montant des salaires exigibles.

La retenue opérée de ce chef ne se confond ni avec la partie saisissable, ni avec la partie cessible déterminée à l'article 62.

Les acomptes sur un travail en cours ne sont pas considérés comme avances.

Les appointements visés à l'article 61 du présent livre sont, pour l'application des règles contenues dans le présent article et dans l'article 50, assimilés aux salaires des ouvriers.

Section II
Des règlements de comptes entre les maîtres d'atelier et les négociants.

Art. 52. — Tous les chefs d'atelier sont tenus de se pourvoir, au conseil de prud'hommes, d'un double livre d'acquit, pour chacun des métiers qu'ils font travailler, dans la huitaine du jour où chacun de ces métiers commence à travailler.

Sur ce livre d'acquit, parafé et numéroté, et qui ne peut être refusé, lors même qu'ils n'ont qu'un métier,

sont inscrits les nom, prénoms et domicile du chef
d'atelier.

ART. 53.— Il est tenu, au conseil de prud'homme, un
registre sur lequel lesdits livres d'acquit sont inscrits ;
le chef d'atelier signe, s'il le sait, sur le registre et sur
le livre d'acquit qui lui est délivré.

ART. 54. — Le chef d'atelier déposera le livre d'acquit du métier qu'il destine au négociant manufacturier entre ses mains et peut, s'il le désire, en exiger un
récépissé.

ART. 55. — Lorsqu'un chef d'atelier cesse de travailler pour un négociant, il est tenu de faire noter sur
le livre d'acquit, par ledit négociant, que le chef d'atelier a soldé son compte ou, dans le cas contraire, la
déclaration du négociant spécifiera la dette dudit chef
d'atelier.

ART. 56. — Le négociant possesseur du livre d'acquit
le fera viser aux autres négociants occupant des métiers dans le même atelier, qui énonceront la somme
due par le chef d'atelier, dans le cas où il est leur débiteur.

ART. 57. — Lorsque le chef d'atelier reste débiteur
du négociant manufacturier pour lequel il a cessé de
travailler, celui qui veut lui donner de l'ouvrage fera
la promesse de retenir la huitième partie du prix des
façons dudit ouvrage en faveur du négociant dont la
créance est la plus ancienne sur ledit registre, et ainsi
successivement dans le cas où le chef d'atelier a cessé
de travailler pour ledit négociant, du consentement de
ce dernier ou pour cause légitime ; dans le cas contraire, le négociant manufacturier qui veut occuper
le chef d'atelier est tenu de solder celui qui est resté
créancier en compte de matières, nonobstant toute
dette antérieure, et le compte d'argent jusqu'à 500 fr.

ART. 58. — La date des dettes que les chefs d'atelier
ont contractées avec les négociants qui les ont occupés
est regardée comme certaine vis-à-vis des négociants
et maîtres d'atelier seulement, et, à l'effet des dispositions portées à la présente section après l'apurement
des comptes, l'inscription de la déclaration sur le livre
d'acquit et le visa du bureau des prud'hommes.

Art. 59. — Lorsqu'un commerçant manufacturier a donné de l'ouvrage à un chef d'atelier dépourvu de livre d'acquit pour le métier que le négociant veut occuper, il sera condamné à payer comptant tout ce que ledit chef d'atelier pourrait devoir en compte de matières et en compte d'argent jusqu'à 500 francs.

Art. 60. — Les déclarations ci-dessus prescrites seront portées par le négociant manufacturier sur le livre d'acquit resté entre les mains du chef d'atelier, comme sur le sien.

CHAPITRE IV
De la saisie-arrêt et de la cession des salaires et petits traitements.

Section Première
Règles générales.

§ Ier. — *Limitation de la saisie-arrêt et de la cession.*

Art. 61. — Les salaires des ouvriers et gens de service ne sont saisissables que jusqu'à concurrence du dixième, quel que soit le montant de ces salaires.

Les appointements ou traitements des employés ou commis et des fonctionnaires ne sont également saisissables que jusqu'à concurrence du dixième lorsqu'ils ne dépassent pas 2,000 francs par an.

Art. 62. — Les salaires, appointements et traitements visés par l'article 61 ne peuvent être cédés que jusqu'à concurrence d'un autre dixième.

Art. 63. — Les cessions et saisies faites pour le payement des dettes alimentaires prévues par les articles 203, 205, 206, 207, 214 et 349 du Code civil ne sont pas soumises aux restrictions qui précèdent.

§ II. — *Procédure de la saisie-arrêt.*

Art. 64. — La saisie-arrêt sur les salaires et les appointements ou traitement ne dépassant pas annuellement 2,000 francs, dont il s'agit à l'article 61, ne peut être pratiquée, s'il y a titre, que sur le visa du greffier de la justice de paix du domicile du débiteur saisi.

S'il n'y a point de titre, la saisie-arrêt ne peut être

pratiquée qu'en vertu de l'autorisation du juge de paix
du domicile du débiteur saisi. Toutefois, avant d'ac-
corder l'autorisation, le juge de paix peut, si les parties n'ont déjà été appelées en conciliation, convoquer
devant lui, par simple avertissement, le créancier et
le débiteur; s'il intervient un arrangement, il en sera
tenu note par le greffier sur un registre spécial exigé
par l'article 72 du présent livre.

L'exploit de saisie-arrêt contiendra en tête l'extrait
du titre, s'il y en a un, ainsi que la copie du visa, et,
à défaut de titre, copie de l'autorisation du juge.

L'exploit sera signifié au tiers saisi ou à son représentant préposé au payement des salaires ou traitements, dans le lieu où travaille le débiteur saisi.

Art. 65. — L'autorisation accordée par le juge éva-
luera ou énoncera la somme pour laquelle la saisie-
arrêt sera formée.

Le débiteur peut toucher du tiers saisi la portion
non-saisissable de ses salaires, gages ou appointements.

Une seule saisie-arrêt doit être autorisée par le juge.
S'il survient d'autres créanciers, leur déclaration signée et déclarée sincère par eux et contenant toutes
les pièces de nature à mettre le juge à même de faire
l'évaluation de la créance sera inscrite par le greffier
sur le registre exigé par l'article 72. Le greffier se bor-
nera à en donner avis dans les quarante-huit heures
au débiteur saisi et au tiers saisi par lettre recommandée qui vaudra opposition.

Art. 66. — L'huissier saisissant est tenu de faire par-
venir au juge de paix, dans le délai de huit jours, à
dater de la saisie, l'original de l'exploit, sous peine
d'une amende de 10 francs qui sera prononcée par le
juge de paix en audience publique.

Art. 67. — Tout créancier saisissant, le débiteur
et le tiers saisi peuvent requérir la convocation des
intéressés devant le juge de paix du débiteur saisi par
une déclaration consignée sur le registre spécial prévu
en l'article 72.

Dans les quarante-huit heures de cette réquisition, le
greffier adressera :

1° Au saisi;

2° Au tiers saisi;

3° **A** tous autres créanciers opposants, un avertissement recommandé à comparaître devant le juge de
paix à l'audience que celui-ci aura fixée.

A cette audience ou à toute autre fixée par lui, le
juge de paix, prononçant sans appel dans la limite de
sa compétence et à charge d'appel à quelque valeur
que la demande puisse s'élever, statuera sur la validité, la nullité ou la mainlevée de la saisie, ainsi que
sur la déclaration affirmative que le tiers saisi sera
tenu de faire audience tenante

Le tiers saisi qui ne comparaîtra pas, ou qui ne fera
pas sa déclaration ainsi qu'il est dit ci-dessus, sera
débiteur pur est simple des retenues non opérées et
condamné aux frais par lui occasionnés.

Art. 68. — Si le jugement est rendu par défaut, avis
de ses dispositions sera transmis par le greffier à la
partie défaillante, par lettre recommandée, dans les
cinq jours du prononcé.

L'opposition, qui ne sera recevable que dans les huit
jours de la date de la lettre, consistera dans une déclaration à faire au greffe de la justice de paix, sur le
registre prescrit par l'article 72.

Toutes parties intéressées seront prévenues, par lettre
recommandée du greffier, pour la plus prochaine audience utile. Le jugement qui interviendra sera répu-
té contradictoire. L'appel relevé contre le jugement
contradictoire sera formé dans les dix jours du prononcé du jugement, et, dans le cas où il aurait été rendu par défaut, du jour de l'expiration des délais d'opposition, sans que, dans le cas de jugement contradictoire, il soit besoin de le signifier.

Art. 09. — Après l'expiration des délais de recours,
le juge de paix peut surseoir à la convocation des parties intéressées tant que la somme à distribuer n'atteint
pas, d'après la déclaration du tiers saisi et déduction
faite des frais à prélever et des créances prévilégiées,
un chiffre suffisant pour distribuer aux créanciers con-
nus un dividende de 20 pour 100 au moins. S'il y a
somme suffisante et si les parties ne se sont pas amia-
blement entendues pour la répartition, le juge procé-
dera à la distribution entre les ayants droit. Il établira
son état de répartition sur le registre prescrit par l'article 72. Une copie de cet état, signée du juge et du gref-

fier, indiqant le montant des frais à prélever, le montant des créances prévilégiées, s'il en existe, et le montant des sommes attribuées dans la répartition à chaque ayant droit, sera transmise par le greffier, par lettre recommandée, au débiteur saisi et à chaque créancier colloqué.

Ces derniers ont une action directe contre le tiers saisi en payement de leur collocation. Les ayants droit aux frais et aux collocations utiles donneront quittance en marge de l'état de répartition remis au tiers, qui se trouvera libéré d'autant.

ART. 70. — Les effets de la saisie-arrêt, les oppositions consignées par le greffier sur le registre spécial, subsisteront jusqu'à complète libération du débiteur.

ART. 71. — Les frais de saisie-arrêt et de distribution sont à la charge du débiteur saisi. Ils seront prélevés sur la somme à distribuer.

Tous frais de contestation jugée mal fondée seront mis à la charge de la partie qui aura succombé.

ART. 72. — Pour l'exécution des dispositions de la présente section. il sera tenu au greffe de chaque justice de paix un registre sur papier non timbré qui sera coté et parafé par le juge de paix et sur lequel seront incrits :

1° Les visas ou ordonnances autorisant la saisie-arrêt ;

2° Le dépôt de l'exploit ;

3° La réquisition de la convocation des parties ;

4° Les arrangements intervenus ;

5° Les interventions des autres créanciers ;

6° La déclaration faite par le tiers saisi ;

7° La mention des avertissements ou lettres recommandées transmises aux parties ;

8° Les décisions du juge.de paix ;

9° La répartition établie entre les ayants droit.

ART. 73.— Tous les actes, décisions et formalités auxquels donne lieu l'exécution des articles 50 et 51 du présent livre et des dispositions de la présente section sont, quelle qu'en soit la nature, rédigés sur papier non timbré et enregistrés gratis.

Un décret détermine les émoluments à allouer aux greffiers pour l'envoi des lettres recommandées et pour dressé de tous extraits et copies d'états de répartition.

SECTION II.

Règles particulières aux salaires des marins.

ART. 74 — Les salaires des marins sont incessibles et insaisissables, sauf les exceptions prévues par la législation spéciale en vigueur.

CHAPITRE V

Des économats.

ART. 75. — Il est interdit à tout employeur :

1° D'annexer à son établissement un économat où il vende, directement ou indirectement, à ses ouvriers et employés ou à leurs familles, des denrées et marchandises de quelque nature que ce soit ;

2° D'imposer à ses ouvriers et employés l'obligation de dépenser leur salaire, en totalité ou en partie, dans des magasins indiqués par lui.

Cette interdiction ne s'étend pas au contrat de travail, si ce contrat stipule que l'ouvrier sera logé et nourri et recevra, en outre, un salaire déterminé en argent ou si. pour l'exécution de ce contrat, l'employeur cède à l'ouvrier des fournitures à prix coûtant.

ART. 76. — Tout économat doit être supprimé dans un délai de deux ans à dater du 25 mars 1910.

ART. 77. — Les économats des réseaux de chemins de fer, qui sont placés sous le contrôle de l'Etat, ne sont pas régis par les dispositions des articles 75 et 76, sous la triple réserve :

1° Que le personnel ne soit pas obligé de se fournir à l'économat ;

2° Que la vente des denrées de marchandises ne rapporte à l'employeur aucun bénéfice ;

3° Que l'économat soit géré sous le contrôle d'une commission composée, pour un tiers au moins, de délégués élus par les ouvriers et employés du réseau.

Toutefois, le ministre des travaux publics fera, cinq

ans après le 25 mars 1910, procéder, dans les formes fixées par arrêté ministériel, à une consultation du personnel sur la suppression ou le maintien de l'économat de chaque réseau. Ce referendum sera renouvelé à l'expiration de chaque période de cinq ans.

Les mêmes règles s'appliqueront aux économats annexés aux établissements industriels dépendant de sociétés dans lesquelles le capital appartient, en majorité, aux ouvriers et employés, retraités ou non, de l'entreprise et dont les assemblées générales seront statutairement composées, en majorité, des mêmes éléments.

CHAPITRE VI
Du salaire de la femme mariée.

ART. 78. — Les droits de la femme mariée sur les produits de son travail personnel et les économies en provenant sont déterminés par la loi du 13 juillet 1907 relative au libre salaire de la femme mariée et à la contribution des époux aux charges du mariage.

TITRE IV
Du placement des travailleurs.

CHAPITRE PREMIER
Dispositions générales.

ART. 79. — L'autorité municipale surveille les bureaux de placement pour y assurer le maintien de l'ordre, les prescriptions de l'hygiène et la loyauté de la gestion. Elle prend les arrêtés nécessaires à cet effet.

ART. 80. — Les pouvoirs conférés par le présent titre à l'autorité municipale seront exercés par le préfet de police pour Paris et le ressort de sa préfecture, et par le préfet du Rhône pour Lyon et les autres communes dans lesquelles il remplit les fonctions qui lui sont attribuées par la loi du 24 juin 1851.

ART. 81. — Aucun hôtelier, logeur, restaurateur ou débitant de boissons ne peut joindre à son établissement la tenue d'un bureau de placement.

ART. 82. — Les bureaux de nourrices ne sont pas soumis aux prescriptions du présent titre.

Les bureaux de nourrices restent soumis aux dispositions de la loi du 23 décembre 1874 relative à la protection des enfants du premier âge.

CHAPITRE II
Du placement gratuit.

ART. 83. — Les bureaux de placement gratuit créés par les municipalités, par les syndicats professionnels ouvriers, patronaux ou mixtes, les bourses du travail, les compagnonnages, les sociétés de secours mutuels et toutes autres associations légalement constitués ne sont soumis à aucune autorisation. — *V. L. 13 juill. 1911, art. 119.*

ART. 84. — Les bureaux de placement énumérés à l'article précédent, sauf ceux qui sont créés par les municipalités, sont astreints au dépôt d'une déclaration préable effectuée à la mairie de la commune où ils sont établis. La déclaration devra être renouvelée à tout changement de local du bureau.

ART. 85. — Dans chaque commune, un registre constatant les offres et demandes de travail et d'emplois devra être ouvert à la mairie et mis gratuitement à la disposition du public. A ce registre sera joint un répertoire où seront classées les notices individuelles que les demandeurs de travail pourront librement joindre à leur demande. Les communes comptant plus de dix mille habitants seront tenues de créer un bureau municipal.

ART. 86. — Sont exemptées du droit de timbre les affiches, imprimés ou non, concernant exclusivement les offres et demandes de travail et d'emplois, et apposées par les bureaux de placement gratuits énumérés dans l'article 83.

ART. 87. — Il est interdit à tout gérant ou employé de

bureau de placement gratuit de percevoir une rétribution quelconque à l'occasion du placement d'un ouvrier ou employé.

CHAPITRE III
Des bureaux de placements payants.

SECTION PREMIÈRE
De l'autorisation des bureaux.

ART. 88. — Nul ne peut tenir un bureau de placement, sous quelque titre et pour quelques professions, places ou emplois que ce soit, sans une permission spéciale délivrée par l'autorité municipale, et qui ne peut être accordée qu'à des personnes d'une moralité reconnue.

ART. 89. — La demande à fin de permission doit contenir les conditions auxquelles le requérant se propose d'exercer son industrie.

Il est tenu de se conformer à ces conditions et aux dispositions réglementaires qui seraient prises en vertu de l'article 79 et de l'article 90 du présent titre.

ART. 90. — L'autorité municipale règle le tarif des droits qui peuvent être perçus par le gérant.

ART. 91. — Les frais de placement touchés dans les bureaux maintenus à titre payant sont entièrement supportés par les employeurs sans qu'aucune rétribution puisse être reçue des employés.

ART. 92. — L'autorité municipale peut retirer la permission :

1° Aux individus qui auraient encouru ou viendraient à encourir une des condamnations prévues par l'article 15, paragraphs 1er, 3, 4, 5, 6, 14 et 15, et par l'article 16 du décret du 2 février 1852 ;

2° A ceux qui seraient condamnés à l'emprisonnement pour contravention aux dispositions du présent titre ou aux arrêtés pris en vertu des articles 79 et 90.

ART. 93. — Les retraits de permission et les règlements émanés de l'autorité municipale, en vertu des articles 90 et 92, ne sont exécutoires qu'après l'approbation du préfet.

SECTION II
De la suppression des bureaux.

ART. 94. — Un arrêté pris à la suite d'une délibération du conseil municipal peut rapporter les autorisations données en vertu de la section précédente.

Le bureau devenu vacant par le décès du titulaire, ou pour toute autre cause, avant l'arrêté de suppression, pourra être transmis ou cédé.

ART. 95. — Les bureaux faisant le placement pour une même profession déterminée devront être supprimés tous à la fois par un même arrêté municipal.

ART. 96. — Les bureaux créés en vertu d'une autorisation postérieure au 17 mars 1904 n'ont droit, en cas de suppression, à aucune indemnité.

ART. 97. — Les bureaux autorisés au 17 mars 1904 ne peuvent être supprimés que moyennant une juste indemnité représentant le prix de vente de l'office, indemnité qui, à défaut d'entente, sera fixée par le conseil de préfecture.

En cas de décès du titutlaire avant l'arrêté de suppression, l'indemnité sera due aux ayants droit et leur sera payée lorsque l'arrêté aura été pris.

Les indemnités aux tenanciers des bureaux de placement seront à la charge des communes seules.

ART. 98. — Les dispositions de la présente section et des articles 81 et 91 ne sont pas applicables aux agences pour cirques et music-halls.

TITRE V
Des pénalités.

ART. 99. — Toute contravention aux articles 4, 5, 6 et 9 du présent livre sera poursuivie devant le tribunal de police et punie d'une amende de 5 à 15 francs.

Pour les contraventions aux articles 4, 5, 6 et 9 du présent livre, le tribunal de police pourra, dans le cas de récidive, prononcer, outre l'amende, un emprisonnement d'un à cinq jours.

En cas de récidive, la contravention à l'article 6 sera poursuivie devant les tribunaux correctionnels et punie d'un emprisonnement de quinze jours à trois mois, sans préjudice d'une amende qui pourra s'élever de 50 à 300 francs.

ART. 100. — Seront punis d'une amende de 11 à 15 francs :

1° Les contraventions aux articles 33, 34, 35, 37. 38, 40, 41 et 42 du présent livre ;

2° Les contraventions à la disposition finale de l'article 36 et aux arrêtés pris en exécution de l'article 39.

Il sera prononcé autant d'amendes qu'il aura été commis de contraventions distinctes.

ART. 101. — Si dans les douze mois qui ont précédé la contravention, le contrevenant a encouru une condamnation par l'application de l'article précédent, le tribunal peut ordonner l'insertion du nouveau jugement dans un journal de la localité, aux frais du condamné.

ART. 102. — Toute infraction, soit aux règlements faits en vertu des articles 79 et 90, soit aux prescriptions des articlee 81, 87, 88, 89, paragraphes 2, 91, sera punie d'une amende de 16 à 100 francs et d'un emprisonnement de six jours à un mois, ou de l'une de ces peines seulement.

Le maximum des deux peines sera toujours appliqué au délinquant lorsqu'il aura été prononcé contre lui, dans les douze mois précédents, une première condamnation pour infractions aux articles 81, 87, 88, 89, paragraphes 2, 91, et aux règlements pris en vertu de l'article 90.

Tout tenancier, gérant, employé d'un bureau clandestin sera puni des peines portées au présent article.

Ces peines sont indépendantes des restitutions et des dommages-intérêts auxquels pourront donner lieu les faits incriminés.

ART. 103. — Toute exploitation de l'ouvrier par voie de marchandage sera punie d'une amende de 50 à 100 francs pour la première fois ; de 100 à 200 francs en cas de récidive ; s'il y avait double récidive, d'un emprisonnement qui pourrait aller d'un à six mois.

Le produit des amendes sera destiné à secourir les invalides du travail.

ART. 104. — Sans préjudice de la responsabilité civile, toute contravention aux prescriptions des articles 43, 44, 45 du présent livre sera poursuivie devant le tribunal de simple police et punie d'une amende de 5 à 15 francs.

ART. 105. — Toute infraction aux articles 75, 76, 77 sera passible d'une amende de 50 à 2,000 francs qui pourra être portée à 5,000 francs en cas de récidive.

ART. 106. — L'article 463 du Code pénal est applicable aux infractions prévues aux articles 99, 102, 104 et 105.

La loi du 26 mars 1891 est applicable aux infractions prévues aux articles 102 et 105.

ART. 107. — Les inspecteurs du travail sont chargés, concurremment avec les officiers de police judiciaire, d'assurer l'exécution des articles 75, 76, 77, et, en ce qui concerne le commerce et l'industrie, des articles 43, 44, 45 du présent livre.

Les contraventions auxdits articles sont constatées dans les conditions indiquées par l'article 20 de la loi du 2 novembre 1892.

ALGER. FONTANA FRÈRES. 3-15